Ueber die Geldverlegenheit und ihre Abhilfe.

Von

F. Wolff.

Berlin.
Druck und Verlag von G. Reimer.
1846.

Es möge uns vergönnt sein, einige allgemeine Bemerkungen voranzustellen zur Aufklärung und Begründung des Späteren.

Das Vermögen des Einzelnen besteht entweder in Gegenständen, welche unmittelbar Ertrag gewähren, als Häuser, Güter u. s. w., Antheilen an solchen durch Obligationen, Actien u. s. f., oder in Gegenständen, welche nicht unmittelbar Ertrag gewähren, als baares Geld, Waaren u. s. f.

Der Gewinn des Einzelnen entspringt aus seinem Vermögen oder aus seiner Thätigkeit, oder vereint aus beiden. Er erwächst im Allgemeinen als nicht Ertrag gewährendes Vermögen entweder sofort in der Gestalt des baaren Geldes, oder in der Gestalt von Waaren u. s. w., die er dann gegen baares Geld, die Anweisung auf Jedermanns Thätigkeit und jedes Gut, umzutauschen trachtet.

Viele gewinnen des Geldes mehr als sie zu ihrer Existenz bedürfen. Sie sammeln Ueberschüsse, bilden Kapitalien. Die Ansammlung von Ueberschüssen ist die einzige Erzeugungsart der Kapitalien. Bei dem Verkauf eines Hauses z. B. wird kein Kapital erzeugt, es geht nur ein schon gebildetes Kapital aus einer Hand in eine andere. Verkauft dagegen ein Landwirth seine Erzeugnisse, so wird der Erlös zuletzt von den Consumenten aufgebracht, und es erwächst ihm ein Kapital, insofern ein erheblicher Ueberschuß bleibt. Gesegnete Ernten, ein lebendiger gewerblicher Verkehr, also starke Produktion und Consumtion, ein blühender Handel sind die Erzeuger der Kapitalien.

Einen递Haupttheil des gesammten Ertrag gewährenden Vermögens, bildet der cultivirte Grund und Boden, ein anderer Haupttheil besteht in Erzeugnissen der Industrie, als da sind Wohngebäude, Fabriken, Schiffe, Eisenbahnen u. s. w.

Die Hervorbringung eines Ertrag gewährenden Gegenstandes ist im Allgemeinen nur vermittelst der Zersplitterung eines Kapitals möglich. Macht Jemand z. B. einen Acker urbar, baut ein Haus, legt eine Fabrik an, so wird das dazu nothwendige Kapital zersplittert, indem es sich unter die einzelnen Arbeiter, Lieferanten vertheilt.

Aber nicht bloß die Hervorbringung der Ertrag gewährenden Güter, auch die Erzeugung der Verbrauchsgegenstände, als Fabrik-, Manufactur-Waaren, Lebensmittel, der Waaren aller Art ist mit der Zersplitterung von Kapitalien verbunden. Sie werden durch die Verbraucher ersetzt, um sofort der neuen Produktion zu dienen.

Ueberhaupt ist jede nutzenbringende Anlegung eines Kapitals verbunden mit seiner Zersplitterung. Ist das Kapital auf Ertrag gewährende Güter verwendet worden, so ist es im Allgemeinen nur aus dem Ertrage längerer Zeit wiederum anzusammeln; ist es im Handel u. s. w. angelegt, so läßt es sich herausziehen, indem man die zurückgehenden Gelder nicht von neuem in dem Geschäft verwendet, dasselbe also beschränkt oder aufgiebt.

Jemand, der baares Geld besitzt, und dem die Gelegenheit mangelt, es nutzbar anzulegen, erleidet Schaden, weil das baare Geld an sich keinen Ertrag gewährt; und der Geschäftsmann, dem baares Geld gebricht, sieht sich zurückgehalten oder gehindert in seinem Verkehr.

Ein Land befindet sich in steigendem Wohlstande, wenn seine Verhältnisse der Art sind, daß sich fortdauernd Kapitalien erzeugen und wiederum zersplittern indem sie Ertrag gewährende Güter hervorrufen, oder zur Ausdehnung der Gewerbe und des Handels beitragen, und der Wohlstand steigt um so beträchtlicher, je bedeutender und lebendiger jener Wechsel sich wiederholt.

Die Schnelligkeit und der Umfang, in welchen Kapitalien sich erzeugen, und die Zunahme der Ertrag gewährenden Güter, des Handels und der Gewerbe halten nicht stets gleichen Schritt. Sammelt sich an Kapitalien mehr an, als durch Ertrag gewährende Güter, durch Handel und Gewerbe sich zersplittern läßt, so steigen jene Güter im Preise und der Zinsfuß fällt. Werden mehr Ertrag gewährende Güter hervorgerufen, und steigert sich der gewerbliche Verkehr in größerem Maaße, als durch die sich bildenden Kapitalien zu dekken ist, so fallen jene Güter im Preise und der Zinsfuß steigt.

Diese abgerissenen Andeutungen mögen ausreichen für unseren nächsten Zweck. Sie bedürfen freilich der näheren Begründung und der Vervollständigung.

Die gegenwärtige Geldverlegenheit hat ihren Grund nicht darin, daß des Geldes weniger geworden wäre, sondern darin, daß die Kapitalien, welche in der Nation sich bilden, nicht ausreichen, die Anlage der Eisenbahnen und sonstige Unternehmungen zu decken. Eine bedeutende Steigerung des Mißverhältnisses wurde durch die geringe vorjährige Ernte herbeigeführt; denn die verminderte Einnahme der Producenten und die gesteigerte Ausgabe der Consumenten hinderten in beträchtlichem Umfange die Bildung der Kapitalien, und wirkten störend auf den allgemeinen Verkehr.

Man hat nicht genugsam überdacht, woher die großen Kapitalien fließen sollten, welche der Bau der Eisenbahnen im Laufe weniger Jahre zersplittert, und sich getäuscht durch die Leichtigkeit, mit welcher die Zeichnungen und ersten Zahlungen erfolgt sind. Eine überwiegende Kapitalbildung hatte den Zinsfuß auf 3½ % gedrückt, als die Eisenbahnen auftauchten und einen höheren Ertrag versprachen; natürlich also, daß die Kapitalisten sich gern betheiligten. Aber die Maaßregel, beliebige Zeichnungen zu gestatten bei 10 % Einzahlung, Verbindlichkeit des Zeichners auf 40 % und 10 procentigen Weiterzahlungen wurde bald zu übertriebenen Speculationen ausgebeutet; Concessionen über Concessionen wurden beantragt im Interesse der Course; die Angelegenheit wich aus dem ruhigen Geleise, und das stürmische Treiben konnte nicht als Beweis gelten dafür, daß die nöthigen Kapitalien vorhanden waren oder ihre Bildung bald in Aussicht stand. Es wäre rathsamer gewesen, nur volle Actien auszugeben nach und nach in Beträgen, wie der fortschreitende Bau der Bahnen es nöthig machte. Dabei wäre ein Agio den Unternehmungen zu Gute gekommen, jene überhitzten Speculationen hätten sich nicht ausgebildet, und der ruhige Gang würde früher und leichter gestattet haben, die Geldverhältnisse zu beurtheilen. Erschien es wichtig, die veranschlagten Summen durch Zeichnungen gedeckt zu sehen, so konnte man auch bei der Ausgabe voller Actien einfache Anordnungen treffen, sich die späteren Einzahlungen zu sichern.

Die Schwierigkeit, in welche man sich versetzt sieht, wird nicht durch eine Vermehrung der Circulationsmittel gehoben, denn eine solche steigert nicht die Ueberschüsse in der Nation. Noch ist es rathsam, den Gewerben und dem Handel zu Gunsten der Eisenbahnen Kapitalien zu entziehen, weil abgesehen von dem allgemeinen Nachtheil, der hieraus erwachsen würde, gerade die Eisenbahnen zu größerem Aufschwunge des Handels und der Gewerbe dienen sollen, und nur in diesem Aufschwunge ihr Ertrag gesichert ist und ihr Bestehen. Die Schwierigkeit kann ihre Lösung nur darin finden, daß die Zersplitterung und die Bildung der Kapitalien ins Gleichgewicht treten. Wie bald dies geschieht, wird davon abhängen, ob die nächsten Ernten den Fleiß der Ackerbauenden reichlich lohnen, daß nicht Natur- oder politische Ereignisse den Wohlstand einzelner Gegenden in Nothstand verwandeln, daß Handel und Gewerbe in Gewinn bringender Weise fortblühen und sich ausdehnen, und daß man zu weit greifende oder nutzlose Kapitalzersplitterungen unterläßt.

Unser Geschick ist also bedingt durch Ereignisse die eine höhere Macht als die menschliche leitet, und andererseits abhängig von der Anstrengung und von der Einsicht, mit der wir selbst in unsere Angelegenheiten eingreifen.

Zunächst ist es nöthig, Unternehmungen von unerheblicher Wichtigkeit zu beschränken, zu verzögern oder aufzugeben, dann aber eben so nöthig, Unternehmungen von entschiedener Wichtigkeit, trotz der schwierigen Verhältnisse ohne Aufschub zu Ende zu führen; denn wenn solche Unternehmungen zur Steigerung des

Wohlstandes beitragen, so werden sie auch helfen, die Crisis zu überwältigen.

Eine Regelung der Geldverhältnisse ist hierbei von Bedeutung. Sie kann erfolgen durch ein System von Banken, deren Einrichtung wir kurz andeuten, und durch einige Bemerkungen erläutern wollen.

Es bestehe eine Hauptbank in der Hauptstadt, und ihr untergeordnet eine Bank in jeder dazu geeigneten Stadt des Landes.

Die Banken nehmen Gelder an von Jedermann, verzinsen dieselben, und zahlen sie den Eigenthümern auf ihr Verlangen zurück, nach einer mäßigen Kündigungsfrist, oder auch sofort. Alle Depositengelder u. s. w. u. s. w. werden den Banken überwiesen.

Die Banken stellen eine geringste Summe fest, unter welcher sie kein Geld annehmen, und sind berechtigt jene Summe beliebig zu ändern.

Alle den Banken überwiesenen Kapitalien werden von ihnen gleich hoch verzinst. Der Zinsfuß kann von den Banken jederzeit geändert werden, und sie zahlen bei einer Ermäßigung des Zinsfußes zurückgeforderte Gelder ohne Kündigungsfrist.

Die Kündigungsfrist ist gleichfalls veränderlich und bleibt den Banken überlassen. Eine verlängerte Kündigungsfrist bezieht sich nur auf die Kapitalien, welche den Banken von der Aenderung ab zugehen.

Andererseits sollen die Banken Denen Geld gewähren, welche ein sicheres Unterpfand zu stellen vermögen, also sichere Wechsel discontiren, auf Staatspapiere, Actien, Obligationen, Waaren u. s. w. Vorschüsse leisten.

Die geringste Summe, welche die Banken ausgeben, der Zinsfuß, den sie sich zahlen lassen, der längste Zeitraum, auf welchen sie Geld leihen sind veränderlich, und werden von den Banken festgestellt, natürlich ohne etwa rückwirkend zu beeinträchtigen.

Die Banken können ferner Girogeschäften sich unterziehen u. s. w.

Auf zweifache Weise können die Banken in Schwierigkeit gerathen:

erstens, indem ihnen mehr Geld zugebracht wird, als man von ihnen begehrt,

zweitens dadurch, daß von ihnen mehr Geld verlangt wird, als ihnen zugeht.

Im ersten Fall wird eine Verminderung des Zinssatzes, welchen die Banken gewähren, das Zuströmen des Geldes hemmen, und eine Ermäßigung des Zinssatzes, welchen sie verlangen, anreizen, von ihnen mehr Geld zu entnehmen. Zugleich können sonstige Aenderungen eintreten, welche den Zufluß des Geldes abhalten, oder den Abfluß befördern.

Im anderen Fall ist umgekehrt, sowohl der Zinsfuß, welchen die Banken gewähren, als der, welchen sie sich zahlen lassen, zu erhöhen.

Steigen die Zinssätze auf eine gewisse festgestellte Höhe, so geben die Banken Noten aus in einer Menge, die nicht vorher bestimmt ist, und sich lediglich nach dem Bedürfniß des Publikums richtet. Die Noten gehen bis auf einen geringeren Betrag, etwa von 5 Thlr. herunter, damit ihr Umlauf als Geld nicht gehindert sei. Nachdem eine gewisse Summe in Noten ist ausgegeben worden, muß Jeder, welcher den Banken zu Zahlungen verpflichtet ist, diese mindestens zu einem bestimmten Theil in Noten leisten. Die Einziehung der Banknoten erfolgt, sobald der Zinsfuß wiederum auf einen gewissen Standpunkt gesunken ist, doch möge auch dann eine mäßige Summe derselben nach dem Wunsche und zur Bequemlichkeit des Publikums im Umlauf bleiben. Sie wird gedeckt durch die dafür eingegangenen Gelder.

Der Gewinn der Bank entspringt aus der Differenz ihrer Zinsfuße, aus dem Girogeschäft und aus den Noten.

Die Banken sollen zur Wohlfahrt des Landes dienen, nicht einen Gewinn bezwecken, so groß als möglich. Der Zinssatz, welchen sie für ihnen anvertraute Gelder gewähren, darf sich daher nicht allzu bedeutend von dem Zinssatz unterscheiden, welchen sie sich für ihnen entnommene Gelder zahlen lassen. Banken solcher Art kann nur der Staat begründen und verwalten, ohne Betheiligung oder Einmischung von Privatpersonen. Der Gewinn der Banken soll die Kosten ihrer Verwaltung decken; die Mittel zu einem Reservefond und einen Ueberschuß an die Staatskassen liefern, der nicht zur Hauptsache gemacht werden darf, und der, indem er in die Staatskassen fließt, dem allgemeinen Besten zu Gute kommt.

Die Sicherheit der Banken liegt in der Garantie des Staats, d. h. in der Rechtschaffenheit und Umsicht ihrer Verwaltung und der Staatsverwaltung überhaupt.

Wie die Banken hier im allgemeinen Umriß sind angedeutet worden, stiften sie einen doppelten Nutzen. Sie gewähren Jedem, der ein sicheres und annehmbares Unterpfand stellen kann, Geldmittel, und heben dadurch Störungen, welche sonst im Verkehr entstehen würden; und sie bieten Jedem, der Geld besitzt, ohne es verwenden zu können, Gelegenheit dar, es sofort nutzbar anzulegen, während es zu seiner Verfügung bleibt. Das aber ist die wahre Regelung der Geldverhältnisse, daß man den Mangel des Einen ausgleicht durch den Ueberfluß des Anderen, daß das Kapital, welches ungenutzt in der Hand des Einen ruht, in die Hand des Anderen geführt werde, der es zu nutzen vermag, so daß für beide Gewinn erwächst.

Wohlthätig und beruhigend würde die Annahme der Gelder von Seiten der Banken insofern wirken, als es nicht mehr nothwendig wäre, freie nicht verwendbare Gelder, bis auf Weiteres ruhen zu lassen, oder sich, vielleicht wider alle Neigung, in Speculationen zu verwickeln und den Schwankungen der Course auszusetzen.

Wir haben oben die Mittel angedeutet zur Abwendung der Verlegenheiten, in welche die Banken gerathen können durch allzu großen Zufluß oder Abfluß des Geldes. Was die Schwierigkeiten der Banken beseitigt, hebt aber nicht den Uebelstand im Lande, der die Ursach jener Schwierigkeiten ist. Es würde also immer darauf ankommen, die Kapitalbildung mit der Kapitalzersplitterung in Einklang zu bringen, so weit menschliche Anordnungen dazu ausreichen.

Die von den Banken ausgegebenen Noten bilden keine Staatsschuld, sondern eine Schuld, welche Privatpersonen machen, und durch Unterpfänder decken, indem sie von den Banken Gelder entnehmen. Wenn bei der Einlösung der Pfänder die Banken mehr baares Geld erhalten, als Noten, so deckt sich ein Theil der Noten durch Geld, und dies bildet einen natürlichen Realisationsfond. Im Anfange der Operation werden den Banken die Mittel zu einer, wahrscheinlich wenig begehrten Realisation nicht fehlen, sobald sie für die ihnen zugehenden Gelder angemessene Zinsen bewilligen, oder auch auf Kapitalien, welche ihnen fest auf längere Zeit überwiesen werden, außer den Zinsen eine Prämie zahlen.

Eine Staatsschuld würde aus den Noten erst entspringen, wenn die Regierung Gelder, welche den Banken statt der Noten eingegangen sind, und die also die Deckung von Noten bilden, in Anspruch nehmen und verwenden, oder Noten ohne Deckung ausgeben wollte. Iber auch hiergegen wäre bei mäßigen, in kurzer Frist zu erstattenden Summen, nichts zu erinnern, denn die Regierung bewilligt selbst Credite, und ist bei eintretenden Nothständen zur Hilfe bereit.

Der Nutzen, welchen die Noten dem Lande gewähren, besteht darin, daß sie es möglich machen, Kapitalien, welche sich erst in der Zukunft bilden sollen, schon jetzt zu verwenden. Die Noten sind entbehrlich, so lange das Geldbedürfniß der Einen sich aus dem Ueberfluß der Anderen schöpfen läßt; wird aber des Geldes mehr gefordert, als kann geboten werden, so dienen die Noten zur Abhilfe. Eine Schuld im Auslande könnte ebenfalls dienen; dann würden aber die Zinsen dem Auslande zufallen, während sie bei den Noten der Staat bezieht, und dies ist vortheilhafter und in der Ordnung, weil neben dem Unterpfande das Ansehn des Staates es ist, welches den Noten ihre Geltung verschafft. Die Noten sind nachtheilig bei ausreichenden oder überflüssigen Kapitalien, denn wenn ein Geldinstitut in solchem Fall die Annahme von Kapitalien verweigert und seine Geschäfte mit Noten betreibt, so werden dadurch Geldkräfte gehindert in gewinnbringender Weise zur Wirksamkeit zu kommen, gehindert im Interesse des Instituts und seiner Theilnehmer, und dies bewirkt denselben Schaden, den jedes Monopol verhängt.

Von der Veränderlichkeit der Zinssätze darf die Banken die Rücksicht nicht ablenken, daß der Staat die Zinsen seiner Schuld irgend wie festgestellt hat. Den Zinsfuß regeln die Verhältnisse, nicht Vorschriften. Es ist gerecht und billig, wenn der Staat in Zeiten des Kapitalüberflusses seine Zinsen herabsetzt, und zwar einfach ohne Prämien. Aber dieselbe Billigkeit und Gerechtigkeit erheischt, den Zinsfuß wiederum zu erhöhen, wenn dauernde Verhältnisse es fordern.

Man hat von Neuem den Plan angeregt, die Hypothekenschulden der Grundbesitzer Berlins in Pfandbriefsschulden umzuformen, und will in ihm ein Mittel erblicken, die Geldverlegenheit zu beseitigen. Der Zweck des Planes geht dahin, den Grundbesitzern unkündbare Kapitalien gegen geringe Zinsen zu verschaffen. — In Zeiten des Kapitalmangels sinkt der Kapitalwerth aller Ertrag gewährenden Güter, nicht aber der Ertrag, welcher im Allgemeinen von anderen Umständen abhängt. Der Besitzer nicht verschuldeter Güter bleibt unberührt von der Aenderung des Zinsfußes, selbst wenn er verkauft und einen geringeren Preis erzielt, weil die Höhe des Zinsfußes und die Umstände überhaupt dem Kapital einen größeren Werth verleihen. Aber die Besitzer verschuldeter Güter erleiden Schaden durch den geringeren Ueberschuß, welchen ihnen der höhere Zinsfuß läßt, und sehen namentlich ihre Speculationen vereitelt, oder zu ihrem Schaden ausschlagen, wenn sie mit geringen Mitteln gekauft haben, bloß um mit Vortheil zu verkaufen. Die Besitzer verschuldeter Häuser würden also, wenn es möglich wäre ihnen unkündbare Gelder zu geringen Zinsen zu überweisen, allerdings gewinnen, und sie würden angeregt werden und sich beeilen zu verkaufen, um den Gewinn zu sichern. Dem neuen Besitzer und seinen Nachfolgern bleibt aber nicht der Vortheil des geringeren Zinssatzes, kaum der der Unkündbarkeit, weil auch dieser bei der Bestimmung des Kaufpreises nicht dürfte übersehen werden. Es würde mithin nur für diejenigen, welche gerade jetzt Grundbesitzer und verschuldet sind, Gewinn erwachsen, nicht erheblich für den Grundbesitzer überhaupt. Dagegen würde eine große Summe von Cours habenden Papieren ins Leben treten, und das Feld jener Speculation, die ohne irgend wahren Nutzen ist, auf eine bedenkliche Weise ausdehnen, während es im Interesse der Staaten liegt, jenes Feld zu beschränken, und die Kräfte, welche jene Speculation verbraucht, auf eine nützliche Beschäftigung hinzuleiten. Daß der Plan zur Zeit unausführbar ist, und nur bei Kapitalüberfluß kann verwirklicht werden, liegt zu Tage. Wie er soll die Geldverlegenheit beseitigen helfen, d. h. die Kapitalerzeugung befördern, ist nicht abzusehen; diese ist bedingt durch den Segen von oben und die schaffende Arbeit.

Wir enthalten uns vorläufig weiterer Betrachtungen und Schlüsse, zu denen der Stoff wohl anreizt. Unsere Absicht ging nur dahin, einige Andeutungen zu geben zur Aufklärung des Gegenstandes.

www.ingramcontent.com/pod-product-compliance
Lightning Source LLC
LaVergne TN
LVHW092104300926
849161LV00002B/36
9783112678695